JN438667

국보현대시선 52

김정화 시집

‖ 시인의 말 ‖

한 방울의 이슬도 고통을 겪은 후에야
맺히는 아름다움이다
이 세상 어느 것 하나 고통 없이 맺은 게 있으랴.
사는 일도 결국은 고통에 절여지는 것,
이 가슴에 그리움이 절여지지 않고서야
내 어찌 시를 쓸 수 있었으며,
시인이라 말할 수 있으랴.

2012년 5월 김정화

| 1부 | 여름 소나기

| 2부 | 촛불

| 3부 | 바람 불어 좋은 날

| 4부 | 꽃망울

| 5부 | 가시 여인

| 6부 | 흔적

| 1부 |

여름 소나기

어느 여름날

햇살은 분홍치마를 물들인

아련한 아픔 같기도 하고

소식 모를 소꿉동무의 슬픈 이야기 같기도 한

가슴을 저미게 하는

사랑이 찾아왔습니다

봄, 그대에게

날이 추웠던가요?
그대를 향한 깊은 그리움으로
내 가슴이 얼어버린 줄로만 알았습니다

견고하게 얼어버린 그 가슴
아이스크림처럼 달콤하게
녹여 준다면
그리움이 닦아놓은 길로
그대 돌아올 줄로만 믿었습니다

어느 따스한 봄날,
양지녘 봄볕을 쬐여
언 가슴을 녹였습니다

살구빛 나른함으로
그대, 몸 부려오면
취한 눈 차마 뜨지 못하고
행복감에 소름만 돋아나게 할 거예요

그대 나의 세포에
뜨거움 불어넣어 줄 때마다
맑은 아기처럼
마냥 웃어줄 거예요

이제 그대 사랑하고 싶어
아니 사랑받고 싶어
올봄엔 지독히도
몸살 앓을 거예요.

그리움 · 1 – 어머니, 그리운 날

오늘은 비가 종일 내립니다
허전한 가슴 헤집고 다니는
당신이 그리운 날입니다

이렇게 마음속까지 비가 내리는 날
한없이 밀려드는
당신을 향한 그리움에
홀로 몸이 젖습니다
한 잔의 커피를 마주 놓고
당신이 내 곁에 있다 믿으며
창밖을 바라봅니다

이슬 머금은 숨결로 주신 사랑
내심 잊지 않으려 하지만
바쁜 일상에 묻힐 때가 많았습니다

그렇지만, 당신은
늘 내 곁을 지키는
영롱한 이슬 되어
희망의 아침을 일으켜 세웠습니다

보고 싶어도 보지 못하고
그리워도 마음 한 가닥
자신 있게 내비치지 못하지만
당신은
늘 내 가슴에 살아 숨 쉬는 등불입니다.

그리움 · 2 -어떤 그리움

살다가 힘들고
마음이 허허로울 때나
여로가 험난하여
갈 길이 멀어 보일 때

기별 없이 찾아가도
가슴 가득 채우고 남을
정겨움으로 맞이해 주고

이런저런 속내를
털어놓아도
다 들어 줄
따뜻한 마음 하나
내어 놓을 수 있겠습니까?

마음과 마음 마주 보며
웃을 수 있는
여유로움 하나 내어 준다면
한평생
그리움의 뒤를 총총거리며
따르는 그림자가 되겠습니다.

그리움 · 3 –하얀 그리움

늦가을 햇살이
창 너머에 머문
아련한 그리움을
마시던 찻잔 속에
넘치도록 풀어놓는다

울렁이는 가슴
어쩌지 못해
강으로 나가
강물에 띄워보지만
그리움은 쓸쓸하게
물거품이 되어 부서지고 만다

부서져 흩어지는 물거품은
만추의 정취로
다시 가슴에 남는다
그것은
하얀 그리움이다.

겨울의 길목에 서서

찬바람 업고 온
단풍나무
제 몸 돌돌 감아
연서라도 건네려는 듯
겨울로 가는 길목에
붉디붉게 수북하게 쌓았습니다

온통 미쳐 버리게
매달리게 해놓고선
아무 일 없다는 듯
매달았던 잎새 떨구어 버린
입동 무렵에
먼 그대처럼
그건 운명이었어,
거칠게 한 마디 남기고 돌아선
늦가을나무

그 언제부턴가
개선장군 흉내 내며

세차게 밀고 들어오는
푸르던 나무를 사랑한 대가로
얼마나 많은 날
가슴앓이 하며
잎들 내쳐버린 파렴치한 저 나무를
바라보고 있다는 것을
그대 진정 아시나이까.

인연

눈길이 가는 곳
거기엔 언제나
당신의 그림자가
서려 있습니다

발길이 멈추는 곳
그 곳곳마다
당신과의 추억이
고스란히 남아 있습니다

내 마음이 가는 곳
거기엔 언제나
당신의 사랑이
기다리고 있습니다

내 삶의 이유가
당신이어서
당신은
내 삶의 테두리를 동여맨
인연 이었습니다

눈물

참 많이 울었어요
그리움에 울고
서글퍼서도 울었어요

걸으면서도 울고
지나가는 사람들이
힐끗거려서 더 울었어요

죽을병이 났나 봐요
작아지는 마음 위로
눈물만 구르거든요.

여름 소나기

어느 여름날
해맑은 분홍치마를 물들인
아련한 아픔 같기도 하고
소식 모를 소꿉동무의 슬픈 이야기 같기도 한
가슴을 저미게 하는
사랑이 찾아왔습니다

수, 수년 전
다시는
젖어들지 말자던
그 오후의 소나기가
내 견고한 햇살을 비집고
뜬금없이 가슴에 파고들었습니다

다 말하지도
다 갖지도 못할 거라는 답을
고스란히 간직한 채…….

소나기는
함께 할 수 없는 그리움으로,
여름날의 여우비 꿈으로
남게 될 지도 모를
아린 사랑처럼
여름날의 긴 햇살을 흠뻑 적셔 놓았습니다.

사랑 · 1

사랑이란
주어도
받아도
언제나
갈망하는 샘이다.

사랑 · 2

사랑이란
하면 할수록 그리웁고
외면하면 할수록 깊이 사무치는
애잔한 눈물이다.

사랑 · 3

애써, 애써서
불러 모으면
오히려 멀어지는 것,
어느 날 문득
바람처럼 깃드는 것,
이것이 사랑이어라.

| 2부 |

촛불

가슴으로 밀려오는
동굴 속 어둠 같은 번민을
그믐밤 별빛 같은 꿈 하나로
온전한 눈물로 사르겠습니다

열병

숲이 울고 있다
푸름 무성히도 울고 있다

바람 불어
잎새 신열 앓듯 떨리는 날
그리움에 지친
밤나무 숲은
홀로 흐느끼며 운다

볼을 타고 흘러내리다
마음 벽에 스며들어
마침내 아픔이 된 눈물에
기어이 터지고야 마는
몸살 난 그리움이여
통한이여.

별밤

파랗게
내리는
귀뚜라미 울음소리가
애절하게 그리움을 자아낸다

오늘은
어디쯤에서
그리움의 별을 찾을까

유난히 크고
인자하고 다정한 별

그 곁에 자리 하나
마련해 놓고
손짓해 불러줄 사랑은
마음만큼이나 아득하여라.

눈 오는 날엔 눈물이 난다

하얗게 열리는
눈길은
모두가 그리움의 그림이다

섬섬한 무늬 사이로
파도처럼 밀려오는
그리움 덩이가 가슴 설레게 한다

한 곳만 바라보고
한 생각만 하며
하나 되어 마시던
카푸치노의 생크림처럼
그날 밤
그렇게 눈 속에서
그대 내 가슴을 사르르 녹였지

오랜 세월
그대 내 안에서
숨결로 남아 있었지

오늘도 그날처럼
눈은 내리고
가슴은 벌써 그 옛날이 되어
그대 향한 환상으로
그렁그렁 채워지는데

그대 없는 세상이
너무 서러워
절로 눈물이 난다
눈 오는 날엔.

가을날의 고백

노을이 물든
가을 길을
그대와 나란히 걸어갑니다

한 손엔 코스모스를 들고
또 다른 손은 맞잡은 채
미소 그윽이 나누며
우리 서로
오랫동안 바라봅니다

아무런 말이 없어도
한 줄기 바람이
마음 깊은 곳에서
새가 되어 날아옵니다.

아
이 맑고 아름다운 날
그대 남은 생애랑은
내게 맡겨 달라고 고백해봅니다.

여왕벌처럼

역년의 장대비에도 끄떡없는
천 년 바위 닮은
임께서
자욱한 안갯속으로
막무가내 오시겠다는 말씀에
황망하기 그지없어도
가슴에
급히 들어오실 길 내어놓고

연꽃 아름다운 정원에
몰래 지고 갈
인연 하나 심고파
가슴 한구석 분주하나이다

'그리워도 그립다.' 못하고
가슴속 갈피에만 간직한 채
끓어오르는 격정의 순간들을
애타게 기다림으로 달랜
마음의 문
고이 열어 드리니
사뿐사뿐 들어오소서.

메시지

가슴속 화석으로 남은
당신의 목소리
눈동자 깊은 곳에
긴 자취 남기고
멀어져가던 당신의 모습
차마 지울 수 없어
마음 저리게 흔들릴 무렵
'보고 싶다'
당신의 짧은 메시지에
가장 오래 설레이는 내 가슴을
방울새가 들여다보았다.

촛불

가슴으로 밀려오는
동굴 속 어둠 같은 번민을
그믐밤 별빛 같은 꿈 하나로
온전한 눈물로 사르겠습니다

꿈 사르고 피워 올린 연기로
하늘 둥둥 떠다니다가
다시
고독한 향기로 타오르는
촛불로 서겠습니다.

염원

환한 미소로 오시든
울적한 표정으로 오시든
그대이기에 미소로 반깁니다

환상 속에서 뜬 눈으로
지새우던 밤이지만
알 수 없는 힘이 솟구쳐
초롱한 눈으로 세상을 봅니다

기다리는 마음이 아니라
기다려 줄 수 있는
순수한 모습이 언제나 보여지게
그대의 눈앞에
늘 서성이고 싶습니다

고달픈 삶들이
꿈속에서
행복으로 잉태되기를 바라며
오늘 하루
그대에게 사랑을 드립니다.

아침

아침은
적막을 깨뜨리고
세상을 새로이 열어젖히는
거룩한 빛의 포효이다

아침은
어제의 후회와
오늘의 새로움이
묘하게 교차하는
시간과 공간의 여닫이다

그 빛의 포효 속에선
만물은 생성과 소멸로 끝이 없고
그 여닫이의 어디쯤에선
먼 여명이
무료한 일상의 깊은 데를
뚫고 있다

오늘 아침의 부드럽고 환한
살결을
내 가장 경건한 손으로
맞이하고 싶다.

노을

해질녘
저 하루치 열정
금 모래알같이
먼 강에 풀어놓고

세월의 여울목에서
출렁대는 정열
저물어 가는 길을 밝힌다

별을 쪼던 부리로
밀어 베어 물고
버들 기슭에 날개 접은
물오리를
추억 속에서
아득히 만난다

산을 품은 강물 따라
노을이 물들 때
미처 사르지 못한
젊은 날의 쪽빛 꿈이
켜켜이 접힌 연서가 되어
설원의 산등성이를 눈부시게 사른다.

가을밤 이야기

문을 여니
가을 잎새 몇이
고요히
하르르 가슴으로 날아든다

하늘엔
상현달과 금성이
다정한 연인처럼
파란빛으로
동행한다

은하수 건너온
견우마저 월궁으로 들어간 후
어렴풋한 달빛을
혼자서 조용히
흔들어대고 있다.

비 내리는 밤

어둠 찾아든 골목길
보슬보슬 내리는 빗소리
사람의 기척 이미 끊어진
밤을 불러내는
비의 속삭임만
처연하게 고요하다

가로등 불빛에
바람이 가늘게 불고 갈 때마다
빗줄기 안식의 휘파람처럼
흔들리며
한때 시끌벅적했던 도시를
다소곳이 품어 안는다

끝을 잃어버린
번뇌 뒤에 내리는
평온의 화음
시간이 멈춘 듯
세상은 진공이 된다.

| 3부 |

바람 불어 좋은 날

사각사각 흔들리는
나뭇잎의 떨림이
상쾌함으로 차오른다

별

세상이 잠든 밤
마음을 열어
가슴 가득히
하늘을 받아 안았다

별들이
내 가슴속으로 내려와
그대 사랑처럼
촘촘히 박혀 들었다

그 별들을 모아
그림 그리다 보니
문득
그대 얼굴이 되어
가장 아름다운 미소를
내게 건네주었다

그랬다
별을 보면 별들 사이로
나무를 보면 수풀 사이로
꽃을 보면 갖가지 꽃잎 사이로
그대는 어김없이 다가왔다

그대는 늘 내 곁에서
그대를 향한 내 사랑을
키워주고 있었다.

빛의 고향

태양은 빛의 고향
뭇 생명을 차별 없이 사랑하는 뜨거운 힘
나는 태양의 스토커가 되어
암흑 속에서도 신성한 빛에 강렬한 초점을 맞춘다
내 존재가 빛으로 다 타버릴 때까지.

늦은 눈 내리던 날

차마 읽지 못해
남겨놓은 철 지난 사연들이
삼월의 하늘을 헤치고
분분히 덮쳐오는 아침

세상 참 알 수 없어라
낯설지만, 태연히
한 줄기 빛으로 와
때 없이 흔들리는
몸 숭숭 뚫어
하얗게 덧대놓고

끌끌한 시간의 허리
끌어안고 마는지
젖은 솜뭉치 짊어진 당나귀 모양
먼 소식들은
눈밭에 아스러지고
엇갈린 결빙의 생채기 왜 이리 아찔한지.

바람꽃

칡덩굴 사이사이
밤새 내린 눈 사이로
살포시 고개 내민 꽃대

순백의 산자락
오솔길에
낙엽 열어제치고
붉은 새순을
막 돋워낸 대궁이 다소곳하다

매화와 산수유가
어깨 빳빳하게 세운
봄에 장정이라면
바람꽃은
수줍은 봄 처녀의 열아홉 뺨이다.

가을 앓이

빛 고운 향기에
그리움 내려놓고
따스븐 가을 한 잔 마시고 싶다

임의 품에서
막 깨어난 차림새로
살포시 떨어지는
단풍나무에다
밤의 향기 걸어놓고
창밖의 아침을 맞이하고 싶다

이 가을 어디선가
한때 고혹의 아름다움을 지녔던
나뭇잎들이 타는 냄새가 향그럽다
이 향기에
보고픔 다 모아 담아
임의 가슴에
영원히 지지 않을
가을꽃 피우고 싶다.

틈서리에 핀 민들레

눈물 한 방울 만큼의 흙이
내려앉은
콘크리트 갈라진 틈서리에
민들레 홀씨 하나
뿌리를 내린가 보네

켜켜이 쌓이는 세월만큼
키를 더하는 그리움
사랑은 복원되지 않는 거라고
잃어버린 아쉬움만큼
아픔이 채워질 뿐이라고
콘크리트 틈서리의 민들레가
가르쳐 주네

이슬로 몸을 적셔
새색시 꿈처럼
꽃망울 터트린 민들레는,
그리움은
작은 틈서리 흙먼지 속에서
싹 터서 사랑이 되는 것이라고
실바람에 몸을 흔드네.

연꽃

연밭에서
보살과 동자 앉아
마음을 열고
활짝 핀 연꽃을 심는다

이승에서의
번뇌와 집착 벗고
극락정토 소망 담아

진흙탕
아름다운 꽃부리를
가슴에 심는다.

들국화

그녀는
호젓한 길섶에 나와선
처연한 미인이다

험한 세상에서
때론 말 못 할 사연으로 서러웠어도
아무렇지도 않은 듯
온몸에 샛별 같은 등을 달고
나목의 계절에
그녀는
군사를 이끄는 장군처럼
세상 앞에 꼿꼿하게 서 있다.

바람 불어 좋은 날

사각사각 흔들리는
나뭇잎의 떨림이
상쾌함으로 차오른다

바람 끝에 묻어온
알싸한 솔내음이
심연의 가슴에
고요히 머물다가

밖으로 돋아나오면
온몸을 감고 돌던
무력감이
말갛게 스러진다

이렇듯
얽히고 설킨
마음의 타래들이 풀리면
왠지 모를 설렘으로
불어가는 바람 따라
맑은 먼 바다로
떠나고만 싶다.

고마리 꽃

추분 무렵이면
어김없다는 듯이
피어나는
고마리 꽃

앙증스런
꽃망울이
새색시 입술처럼 곱다.

굽어보는 세상

바람결에 머리빗은 낙엽송
햇빛으로 단장한 옻나무
잎들 무성한 사이로
푸른 속삭임들이
어울리어 간다

저만치
마른 소나무 하나
비틀린 몸뚱어리
굽은 등이 외롭다

그 외론 눈빛 간절하여
보듬어 안아본다
문득 손길에 묻어나는
소중한 느낌
가슴 가득 먹먹하게 고인다

푸른 하늘이고
굽어보는 세상은
등 굽은 이야기들로 수 놓인
호젓한 오솔길이더라.

목련

거친 눈보라 속
힘겨운 겨우살이
침묵으로 지켜낸 아픔이
비로소
순백의 아름다움으로 피어났다

이른 봄밤
초승달 제 몸의 빛을 뜯어
눈물로 피워낸 꽃
천심을 비추는 빛인가
차마
눈부시게 어여뻐서
바라볼 수 없어라.

| 4부 |

꽃망울

꿈, 사랑 머금은

순백의 청순함이

활짝 핀 꽃송이보다 아름답다.

꽃 · 1

꽃이 아름다운 이유는
꽃은
꽃 그 이상도 그 이하도
결코 바라지 않기 때문이다.

꽃 · 2

꽃은
있는 그대로의 모습으로
즐거움을 주고
기쁨이 되고
사랑이 됩니다.

석양

아! 붉다
눈이 부신다

붉은
사랑의 결정체다

꽉 찬 아름다움
피어나는
처녀성이다.

황사

대륙을 넘어 불어오는
황사 바람엔
마른 음모가 숨어 있다

만물을 일으켜 세우는
봄이
황사는 미운 것이다

봄을 볼 수 없도록
봄 냄새를 맡지 못하도록
황사는
사람의 눈과 코를 막아버린다.

봄의 유희

보랏빛 댕기를 단
봄까치꽃은 달박달박 피어나고
토박이 달래와 씀바귀
초록대궁으로 몸을 세우는
황토밭 끄트머리
저만치엔
치칭개도 일찌감치 허리를 편다
실개천엔 물이 다시 길을 열고 나설 때
분홍 패랭이는
산을 내려온 봄볕 따르고
그러는 사이
세상의 봄은
목련의 봉곳하게 부풀린 가슴을 보고
그만, 어찌하지 못하고
향기로운 입맞춤을 하고 만다.

달개비 꽃

빈집 낡은 마당 가
달개비 대궁에
봉오리가 맺었다
며칠째
그 빈집 낡은 마당을
들락날락거리며 장맛비가
달개비 대궁을 후려쳤다

달개비는 꽃을 피워내지 못해
애타는 마음 홀로 삭였다
장맛비 잠깐 물러간
새벽녘
코발트빛 별 둘이
돌담을 넘어와
달개비 꽃을 피워냈다
아침 해가 돋도록
장맛비는 눈이 부셔
그 빈집으로
들어갈 수 없었다.

꽃망울

새아씨 가슴마냥
터질 듯 젖혀지지 않은
여백의 향기

꿈, 사랑 머금은
순백의 청순함이
활짝 핀 꽃송이보다 아름답다.

네 잎 클로버

길가에 핀
네 잎 작은 클로버

흰 꽃 등에 달고
나그네 바람 따라
마음 간절히 행운을 전한다

사는 일 팍팍한 날은
그 마음
호젓이 닮고 싶어라.

그믐달

서쪽 하늘에
섬뜩하게 걸린
그믐달

한 올, 한 올
옷고름 풀어헤치고

요염한 자태로
내 마음 열고 들어와

푸른 심장 위에
헤진 가슴을 뉘이고
늦은 봄밤 창가를
떠나지 않고 있다.

소리

아사삭
이슬이 내려앉는 소리
고독이 끓어 넘치는 소리
눈송이 사르르
싸리문 앞에서 겨울바람 달래는 소리
이런 소리들 속에서
나는
밤새도록 어둠이 울고 있는
소리를 들었다.

회상

너로 인해 웃던 시절엔
쟁쟁대는 두 귓바퀴에 걸린
햇살이
한층 따갑고
때론 기다림에 지쳐
그림자 길었어도
마냥 좋았다

너 떠난 빈자리
깊숙한 곳에서
내 가슴은
오래오래 삭았었다

너로 인해 울던 시간
가슴에 깊은 샘 이루었다는
말을
불고 가는 바람처럼
전해 듣는 오늘,
그렁그렁한 눈빛 끝에

한 줄의 말줄임표만 남기고
떠나던 날의 그 말줄임표의 의미를
차마 다시 읽을 수가 없다.

| 5부 |

가시 여인

갇혔다가 떠나는

시퍼렇게 멍든 네 뒤로

안개가 자욱하게 밀려온다는 것을

너는 알까.

무게

체중계에 올라섰다
어제보다 줄어든 눈금

웃음의 무게가 그만큼
늘어난 것일까.

갈망

학처럼
도도한 긴 목덜미에다
분홍색 스카프 두른
젊은 날의 그 모습은
아름다운 내 사랑의 정표였어

속절없이
세월은 흘러
그 발치에다
추억만 남기고
가 버렸어

십 년만
딱, 십 년만 역행하여
아침 이슬
구르는 목소리
세월에 싣고 싶다.

꿈

사람의 마음에서 태어나
생각을 먹고 사랑을 마시며 사는 너는
내 안에서
나를 찾는 또 다른 존재의 의미가 되었다
때로는
나로 인해 아픔을 곱씹으며
아린 몸을 키워가는 너는
참을 수 없는 생각의 오묘함과
견딜 수 없는 이상의 허무함으로
벗어날 수 없는 고열로 앓곤 하였지
나 역시,
너로 인해 쓰디쓴 고독의 약을 마셔도 보지만
진통의 효과는 늘 저버린
시간의 아쉬움만큼이나 짧고도 야속하여
그 아픔,
마치 나의 숙명인 양
그저 아파해야 하는 의무인 양
그렇게 일상을 이어 오던
어느 날,

내게 너 이외의 뜨거운 가슴이
또 하나 존재함을 깨닫게 되었지
또 하나의 너를 잉태한다는 것
그것은
아프다 한다 너무 슬프다 한다
그리고 또 어렵다 한다
내 생애 단 한 번의 너를 꿈꾸기 위한
생명처럼 소중한 희망을 조각하는 마음
너의 이름은 바로 꿈, 이었다.

가시 여인

누가 살짝만 건드려도
새치름하게 뾰족한 가시를 세우지
독이 바짝 오른 가시는 너를 가두는 날카로운 창살이야
가시 감옥에 갇혀 울고 있는 너는
사랑에게 버림받은 죄로
무기징역을 선고받은 백만 송이 창백한 장미야

갇혔다가 떠나는
시퍼렇게 멍든 네 뒤로
안개가 자욱하게 밀려온다는 것을
너는 알까.

사십 대의 가을

갈바람에
마음 저편에 묻어두었던
서린 감정이 한꺼번에 들춰진다

어설프지도
곰삭지도 않은
적당히 성숙된 그렇고 그런
살아온 날의 그리움과
젊지도 늙지도 않아
인생의 멋스러운 맛을
한껏 아는
가을 하늘
흰 구름 따라
다가올 날의 설레임들…….

그래서
사십 대의 가을은
바람 불면 시리고
비라도 내릴라치면
눈물 먼저 젖어들어
사람 그립고, 사랑 그립다.

오래된 그리움 하나

오래된 사진 정리하다
가만가만 다가오는 그리움

빳빳하게 풀 먹인 칼라에
단정히 입은 교복
그래, 여기 동래산성이었어
꼬옥 잡은 두 손
비스듬히 앉은 폼하며
촌스럽기 그지없지만
그땐 이게 유행이었지

언젠가 대구에서 날아온
반가운 소식에
물어물어 찾았던 조촐한 보금자리

이십 년 만에 만나
밤새워 얘기하던 철 지난 이야기
긴 세월을 뛰어넘은
중년이 되었어도

그때 맞잡은 두 손처럼
마음은 금세 하나 되었지

이제는 자리 잡아 잘 산다더니
또다시
뚜욱,
이젠 어디서 소식 들을 수 있을까

함께 새울 가을밤은
그리움으로 아슴아슴 채워 가는데
친구야, 어디 있니.

시아버지의 임종

한 모금 한 모금
가쁜 숨
모았다 내쉬시기를 반나절
잠깐 자리 비운
며느리
기다리시는가
보고 싶은 다른 자식들
기다리시는가
눈길 멀리 두시고
휘둘러보시기를 또 반나절

마음 급히 달려가
두 손 꼭 잡고
'이제 고통 없는 곳으로 가셔서
편히 쉬시라' 는
며느리 말 한 마디 들으시곤
다시는 눈을 뜨지 못하셨습니다

마지막 남은 온기로
이승의 품에 안기신
당신 곁에서
목구멍에서 치밀어 올라오는
설움 못 이겨
옷소매 적셔가며
눈물 쏟아냈습니다.

조화

향기도 생명도 없는 것이
오로지 보는 이의
느낌만으로 꽃이라 불리운다

우아한 척
늘 그 자리에 앉아서
조금씩 눈요기시키며
다정스레 시선을 보내지만
갈수록 운명인 듯
호젓한 침묵에 들고 만다

어쩌면 내 일상도
너를 닮아
마른 등걸처럼
네 옆에 우두커니 서고 마는
내 마른 가슴을 어쩌랴.

죽

주걱을 휘젓는다
느리게 아주 느리게
기다림의 앙금
다 풀어내면
잘박하게 졸아들어
뭉근히 달아오르는
일생의 짧은 한 끼
내 언제 저렇듯이
자작자작 잦아들어
누구의 가슴팍에
진득하니 엉긴 채
온전한 하루치
그리움으로 채워갈 수 있을는지.

세월

정 하나 심어
열매 하나 맺고
절기 하나 또 떠나보낸다
오늘은
내 안의 빈자리에다
살아온 이야기
차곡차곡 담으려니
밤새워 함께 할
친구가 아쉽다
떠나보낸 절기처럼.

입맛

입안에서
아삭하게 부서지는 껍질
혀끝을 파고드는
흰 속살의 달착지근한 부드러움

입맛은 그런 거야,
살이 여물수록 군침 도는

한 입에
톡 불거지는
대게의 깊은
그 맛.

불면

처마 밑 고드름처럼 투명해진
내 사념이
끝도 없이 광대한 우주 속을
유영하다가
놓쳐버린 잠의 무게
때문에
그 머리맡 신경들이
미세한 기운에 풀린다
온밤이 곧추선다.

| 6부 |

흔적

백발머리 가운데로
곱게 패인 가르마를 따라
외할매 새색시 적 샘터로
여행가는 날.

산행 · 1

산을 오를 때마다 곰곰이 생각한다
시를 쓰는 사람이 더 행복할까
시를 쓰지 않는 사람이 더 행복할까
어느새
정상
입가에 모든 걸 잊은
미소가 가득하다.

산행 · 2

산 깊숙이 스며들면
투명한 햇살에 잘 구워진
낙엽이 그 산 깊이만큼
그윽하다
지나가는 바람이
단풍잎 붉은 입술에
입맞춤하는 바스락거림에
마른 풀잎들이
잠시 흔들린다
바람의 입맞춤이
부끄러웠던가,
까만 눈을 뜬 다람쥐의 작은 뺨에
붉은 물이 든다.

산행 · 3

산이 비록
내 발길을
힘들게 한다는 사실보다
그래도 끝내
그 산을 오르리라는
설레임 때문에
가슴 뜨거워진다
정상에서 만날 수 있는
새로운 세상의
생동하는 변화가 좋다.

흔적

외할매 손때 묻은
반짇고리 여는 날은

골무랑 참빗이랑
전설처럼 아득히 먼 옛날로
소풍 가는 날

백발머리 가운데로
곱게 패인 가르마를 따라
외할매 새색시 적 샘터로
여행가는 날.

오월의 여왕

앞산 등성이가
저리 환한 것은
오월 여왕이
밤세워
꽂꽂이한 때문이다
골짜기에는
아카시아 하얀 드레스 갈아입고
바람결에 출렁거리고
숲길 가에는
산동백, 산철쭉이 시샘하듯
다투어 피어난다
너울거리는 연둣빛 수풀 사이로
때맞추어 깃든 멧새
오월의 여왕을 위한 무도회로
분주하다.

넋두리

그리움도 서러워 마음 둘 길 없는 날
소리 없이 부는 바람만 서럽다
어둔 밤 그 기나긴 강을 건너
가냘픈 내 어깨 위로 찾아오는
길 잃은 별의 의미를 쓰다듬으며
발길을 꽃잎처럼 흩뿌리며 걸었다
갈대가 무성한 날 그곳에서도
싸리 꽃 짙게 핀 그 언덕 너머에서도
나의 어머니는 끝내 만나질 못했다
긴 달그림자는 어느새 잦아들고
이리떼 긴 울음 같은 바람만
내 가슴속에서 울부짖는다
마음도 서러워 마음 둘 길 없는 날엔
꿈속에서 또 꿈을 꾸며
이승 먼 곳으로 떠난
나의 어머니에게 편지를 띄운다.

글

조금은 외로운 이 저녁
내게 글을 지을 수 있는
맑은 혼이 살아 숨 쉬고
글을 사랑할 수 있는
가슴이 있다는 건,
하늘이 내린 축복이요
커다란 기쁨입니다

하루 종일 찌든 심장을
맑게 씻어내는 글을 쓰는 것도
내 가슴에
커다란 행복을 키워준
별이 흘리는 아릿한 빛 때문입니다

오늘
가슴을 쪼개어 일몰을 안고,
마음을 퍼렇게 가는 일도
마음으로 쓴 글을
'글' 당신께 드리기
위함입니다.

동행

함께할 사람이 있다는 것은
삶의 긴 여정에서
엄동설한 허허벌판을 걸어갈 때
두꺼운 외투처럼 따뜻하고 행복한 일이다

살아가면서
인생의 짙은 안개에 휩싸여
앞이 내다보이지 않을 때
어둠을 밝혀줄 한 줄기 빛보다
아름다운 동행은

세상으로부터 고독할 때
사랑의 훈풍으로 다가와
봄날 눈 녹아내리듯
그 고독 삭아 내리도록
따뜻한 말 한 마디 건네주는 것임을.

언니의 갱년기

꽃이 피면
지는 것은
당연한 진리이다

쉰넷의 언니는
몇 날 며칠 동안
마치 목숨처럼 사랑하던
임이 길을 떠난 것처럼 훌쩍훌쩍 운다
죽을 만큼 눅눅하고 고독하다며
물 한 모금 마시지 못하고
링거에 몸을 맡긴 채
그토록 온몸을 흔들며 아픈 몸짓을 하다가
그녀가
문을 굳게 닫고 집을 나간 후
이제는 할 수 없어
그녀의 짐을 싸서 하늘로 돌려보냈다고 한다

그날 이후, 문 앞에서
사루비아 같은 기별을 기다리지는 않았을까.

트라우마

고약한 녀석
잠도 없는 녀석 같은 이라고
죽은 척하고 있다가
미미한 소리에도 괜한 비상 걸어
느닷없이 불쑥 튀어나와
가시를 내밀어
야단법석을 떨며 새벽을 깨운다

형체도 모습도 없으면서
날카롭게 날선 검 같은 것이
사는 게 무어라고
이리도 설은 맘 삭이지 못하여
무서리 내리던 밤에도 뜰 안을 달구는가.

행복

누가 뭐라고 해도
나는 참 행복합니다
그러다가 이유 없이 눈물이 왈칵 쏟아져도
나는 정말 행복합니다.

기도

뒤뜰 우물곁에
샛별 하나
정화수에 띄워 놓고

늙은 어미
그저,

동녘 하늘을
우러러
두 손만 모은다.

작 품 해 설

보편적 감수성이 빚어낸 사랑의 미학

이동백(시인)

-1-

문학의 제재로 사랑이 차지하는 비중은 크다. 그만큼 사랑이 인간의 보편적 감수성을 자극하기 때문일 터이다. 흔히 사랑을 애정의 테두리 안에 묶어 버리는 경향이 짙지만, 그 개념의 범위는 이보다 훨씬 넓다. 사랑은 필리아(philia), 에로스(eros), 아가페(agape)를 포괄하는 개념이다. 문학에서 에로스(eros)가 상대적으로 많이 다루어지나, 이에 집중하지는 않는다.

인류애를 다룬 작품이 있는가 하면 부모의 헌신적인 사랑, 우정을 다룬 작품도 많다. 한 작가도 다양한 색깔의 사랑을 보여주는 것이 일반적이다.

한편 사랑은, 대상이 부재하는 사랑과 대상이 실재하는 사랑으로 나누어진다. 대상이 부재하는 사랑일 경우에는 보편적으로 그리움과 한이 따른다. 반면에 대상이 실재하는 사랑의 경우는 헌신이나 감사를 동반한다. 그리움과 헌신이 시적 화자의 심리에 미치는 무게는 다르겠지만, 문학의 측면에서는 등가적 가치를 갖는다. 문학이 지향점으로 삼는 감동과 정화(淨化)에 이 둘이 같은 무게로 작동하기 때문이다.

김정화의 시편에는 이 사랑이 참 많이 등장한다. 이것은, 그가 그만큼 보편적 감수성을 가진 작가라는 뜻이기도 하다. 보편적 감수성에 의지하다 보면, 작품이 자칫 범박해지기 쉬운데, 그는 이런 점을 일정 부분 극복하고 있다. 사랑에 접근하는 방식을 다양하게 모색할 뿐만 아니라, 그것을 시로 형상화하는 능력이 돋보이기 때문이다. 또한 그는, 대상이 부재하는 사랑이든 대상이 실재하는 사랑이든 그 상황에 맞게 시를 빚어내는 솜씨를 발휘한다. 예컨대 대상이 부재하는 사랑을 제재로 한 작품에는 '눈물'을 등장시켜, 거기서 촉발된 그리움이나 회한의 정서를 자연스럽게 이끌어내고 있다.

사랑이란
하면 할수록 그리웁고
외면하면 할수록 깊이 사무치는
애잔한 눈물이다.

–「사랑 · 2」 전문

참 많이 울었어요
그리움에 울고
서글퍼서도 울었어요

걸으면서도 울고
지나가는 사람들이
힐끗거려서 더 울었어요.

–「눈물」 일부

「사랑 · 2」가 보여주듯이 '사랑' 을 단적으로 '눈물' 에 빗대고 있다. 김정화에게 '사랑' 과 '눈물' 은 이음동의어이다. 이렇게 해석한 까닭은 무엇일까? 김정화는 삶을 '북받침' 이라고 파악하는 시인이다. 사람은 북받칠 때 자연스럽게 눈물을 흘린다. 이러한 점을 고려할 때 그의 삶에서 눈물이 자치하는 비중을 짐작할 수 있다. 그래서 그는 시적 화자를 내세워 '그리워서, 서글퍼서, 걸으면서, 사람들이 힐끗거려서' 울게 한다. 그만큼 그는 예민하고 섬세한 감수성의 소유자이다. 결국 삶을 '북받침'으로 이해하는 시인에게 사랑을 눈물로 파악하는 것은 지극히 당연한 일일 터이다. 이와 같이 판단하는 데에는 그의 예민한 감수성이 깊이 관여하고 있다.

－2－

사랑은 그 대상이 부재할 때, 한을 낳는다. 그 한은 '그리움'으로 구체화된다. 김정화의 시에 두드러지게 나타나는 정서는 이 그리움이다. 그의 많은 시에 이와 관련된 시어가 발견된다.

오늘은 비가 종일 내립니다
허전한 가슴 헤집고 다니는
당신이 그리운 날입니다

이렇게 마음속까지 비가 내리는 날
한없이 밀려드는
당신을 향한 그리움에

홀로 몸이 젖습니다
한 잔의 커피를 마주 놓고
당신이 내 곁에 있다 믿으며
창밖을 바라봅니다

–「그리움 · 1–어머니, 그리운 날」 일부

제목이 가리키듯이 '그리움' 을 주제로 삼고 있는 이 시는 '허전한 가슴 헤집고 다니는/ 당신' 을 노래한다. '당신' 은 '어머니' 이다. '늘 내 가슴에 살아 숨 쉬는 등불' 이고 '늘 내 곁을 지키는/ 영롱한 이슬 되어/ 희망의 아침을 일으켜' 세워주던 어머니가 하필이면 종일 비 내리는 날에 '나' 의 '허전한 가슴 헤집고 다니는' 까닭은 무엇일까? '등불' 이고 '희망' 이던 그 '당신' 을 상실함으로써 '나' 가 '홀로' 이기 때문이다. '나' 는 그래서 '그리움에 홀로 몸' 을 적시는 고독한 사람으로 남는다. 결국 '나' 는 신 앞에 당당하게 마주서는 주체적 단독자라기보다는, '그리움' 앞에 선 허전한 단독자이다. 자신을 철저한 단독자로 인식한 '나' 는 '허전한 가슴' 에다 비에 젖은 한을 채워 넣는다.

김정화의 '그리움' 은 때로는 연민과 회한을 불러일으키기도 한다.

마음 급히 달려가
두 손 꼭 잡고
'이제 고통 없는 곳으로 가셔서
편히 쉬시라' 는
며느리 말 한마디 들으시곤
다시는 눈을 뜨지 못하셨습니다

마지막 남은 온기로
이승의 품에 안기신
당신 곁에서
목구멍에서 치밀어 올라오는
설움 못 이겨
옷소매 적셔가며
눈물 쏟아냈습니다.

–「시아버지의 임종」 일부

김정화는 시아버지에 대한 인상을 '고마움' 으로 규정하고 있다. 그는 세상의 이치를 가르쳐준 이로서 시아버지를 꼽는다. 그 고마움이 시아버지 사이에 있을 수 있는 심리적 거리를 매워준 것이다. 이 시에서 '시아버지' 와 '며느리' 사이의 교감은 촉각과 청각에 의해 이루어지는데, 안타깝

게도 이 교감을 끝으로 둘은 저승과 이승으로 갈린다. 결국 이 교감은 저승과 이승을 이어주는 매개 구실을 함으로써 시공을 초월한다. 그래서 이 교감은 그 어떤 교감보다 뜨겁고 절실하다. 시적 화자인 '며느리' 는 그 교감의 끈을 놓지 못한 채 '눈물' 을 쏟아낸다. 실재에서 부재로 넘어가는 찰나에 터져 나온 '눈물'이다. 그러기에 이 '눈물' 또한 그 어떤 서러움보다 강하고 절실하다. 그리고 이 '눈물' 속에는 '시아버지' 에 대한 시적 화자의 그리움과 회한의 정이 녹아 있을 터이다. 그리고 '이제 고통 없는 곳으로 가셔서/ 편히 쉬시라' 는 발언은 '시아버지' 에게 바치는 '며느리' 의 만사(輓詞)인데, 마지막 남긴 이 마디 속에는 '며느리' 의 '시아버지' 에 대한 연민의 정이 고스란히 담겨 있다. 이 발언은 그리움을 에두른 표현이 되기도 하다. 결국 그리움은 회한과 연민의 등가물로 작동한다.

어느 여름날
해맑은 분홍치마를 물들인
아련한 아픔 같기도 하고
소식 모를 소꿉동무의 슬픈 이야기 같기도 한
가슴을 저미게 하는
사랑이 찾아왔습니다

수, 수년 전
다시는
젖어들지 말자던
그 오후의 소나기가
내 견고한 햇살을 비집고
뜬금없이 가슴에 파고들었습니다

다 말하지도
다 갖지도 못할 거라는 답을
고스란히 간직한 채…….

—「여름 소나기」 일부

김정화의 사랑을 제재로 삼은 많은 시 가운데 이 시가 주는 뉘앙스는 독특하다. 이 시에는 에로스적인 분위기가 짙게 배어 있고, 이 시에서 담긴 '그리움'의 양상도 여느 것과 다르다.

어느 여름날이다. '해맑은 분홍치마를 물들인/ 아련한 아픔 같기도 하고/ 소식 모를 소꿉동무의 슬픈 이야기 같기도 한/ 가슴을 저미게 하는/ 사랑'이 찾아왔다. 무척이나 매혹적이면서도 슬프게 찾아든 사랑이다. 사랑의 감정을 이렇게 매혹적이고 아름답게 그려내기도 쉽지 않다. 이렇게 찾아든 '사랑'은 수, 수년 전에 '내 견고한 햇살을 비집고/ 뜬금없이 가슴'을 파고들던 '소나기' 같은 것이었다. 여기서 우선 관심을 끄는 것은 '소나기'이다. 이것은 표면적으로 '사랑'을 은유하지만, 내면적으로는 '임'을 표상한다. 중의성을 함축하는 이미지이다. 그리고 관심 있게 읽히는 또 하나는 '견고한 햇살'이다. 이것은 '나'를 표상하는 것으로 '소나기'와는 길항 관계를 이룬다. 이렇게 공존할 수 없는 관계였으므로 그 '소나기'는 '나'가 '젖어들지 말자던' 대상이다. 무슨 사랑이 이런 모습일까?

'다 말하지도/ 다 갖지도 못할' 사랑이니, 그건 홀로 가슴을 앓는 사랑이다. 가슴 속에 '고스란히 간직한', 그래서 소통되지 못한 사랑이다. 이러함에도 불구하고 '나'는 그 '소나기'를 그리워하고, 그 '소나기'로 '햇살'을 흠뻑 적신다. 그 사랑은 허망한 듯하지만 뜨겁고, 그 사랑에 빠져든 '나'는 연민의 정을 자아내지만 젊고 아름답다.

- 3 -

김정화는 자존 의식이 강한 시인이다. 많은 그의 시편들에서 자기애에 민감하게 반응하는 모습을 보여준 점이 이를 뒷받침하고 있다.

기다리는 마음이 아니라
기다려 줄 수 있는
순수한 모습이 언제나 보여지게
그대의 눈앞에
늘 서성이고 싶습니다

고달픈 삶들이
꿈속에서
행복으로 잉태되기를 바라며
오늘 하루
그대에게 사랑을 드립니다.

–「염원」의 일부

시적 화자는 '기다려 줄 수 있는' '마음'으로 '늘 서성이고', '고달픈 삶'들이 '행복'으로 귀결되기를 바라면서 '그대'에게 '사랑'을 바친다. 사부곡(思夫曲)으로 읽히는 시이다. 김정화를 자기애가 강한 시인으로 이끌어 준 데에는 이런 시에 담긴 에너지에 힘입은 바가 컸으리라고 믿는다.

김정화의 자기애는 자신에 대한 투철한 인식에서 출발한다. 우선 그의 인식 수준을 가늠해 볼 수 있는 시를 살펴보기로 하자.

체중계에 올라섰다
어제보다 줄어든 눈금

웃음의 무게가 그만큼
늘어난 것일까.

-「무게」 전문

몸무게를 잰 일을 소재로 쓴 작품인데, 줄어든 눈금을 보고 '웃음의 무게가 그만큼 늘어난' 것으로 인식한다. 현상적인 것을 비현상적인 것으로, 늘어난 것을 줄어든 것으로 인식하고 있다. 절묘한 아이러니이다.

이 반어적 인식은 김정화 시의 격을 높이는 요인이 된다. 이러한 인식에는 자신에 대한 긍정과 자기애가 전제되어 있다. 결국 자기애가 이런 절묘한 반어적 인식을 가능케 한 것이다. 시인은 '어쩌면 내 일상도/ 너를 닮아/ 마른 등걸처럼/ 네 옆에 우두커니 서고 마는/ 내 마른 가슴을 어쩌랴.' (「조화」) 하고 체념적 발언을 하지만, 이것도 객관적 상관물인 '조화(造花)' 에다가 자신을 투사시킨 일종의 아이러니가 아닌지 모르겠다.

어설프지도
곰삭지도 않은
적당히 성숙된 그렇고 그런
살아온 날의 그리움과
젊지도 늙지도 않아
인생의 멋스러운 맛을
한껏 아는
가을 하늘
흰 구름 따라
다가올 날의 설레임들…….

–「사십 대의 가을」 일부

'가을' 은 소멸을 상징하고, 사십대는 그 소멸의 기미를 감각적으로 눈치 챌 나이이다. 그 가을날에 정작 시적 화자는 '다가올 날' 을 기다리며 '설레임' 으로 들떠 있다. 화자가 처한 사십대가 어중간한 세대임을 인식하면서도 설레일 수 있다는 것은 그만큼의 젊음의 아름다움을 지니고 있다는 자신감 때문이다. 그래서 '마침내 아픔이 된 눈물에 기어이 터지고 마는 몸살' (「열병」) 속에서도 '그리움' 을 반추하는 것이다.

가시 감옥에 갇혀 울고 있는 너는
사랑에게 버림받은 죄로
무기징역을 선고받은 백만 송이 창백한 장미야

갇혔다가 떠나는
시퍼렇게 멍든 네 뒤로
안개가 자욱하게 밀려온다는 것을
너는 알까.

–「가시 여인」의 일부

「가시 여인」은 앞에서 언급한 시와는 그 색깔이 다르다. 앞의 시들이 적극적인 자기애를 보여준 반면, 이 시는 자기 방어적 자기애를 드러낸다. 시인의 또 다른 자화상을 살피게 한다. '창백한 장미' 에 비유된 '너' 는 '가시 감옥' 에 갇혀 있는 상황이다. '너' 는 시인의 퍼소나(persona)인 '가시 여인' 이다. '가시 여인' 을 '너' 로 설정함으로써 시적 상황을 객관화시키고 있다. 이는 시인이 자신을 냉철하게 바라보겠다는 의지의 표명일 터이다.

'너' 가 가시 감옥에 갇힌 까닭은 '사랑에 버림받은 죄' 때문이다. 이것은 역설이다. 이 역설이 안쓰러워 긴 여운으로 남는다. 설상가상으로 갇힘에서 벗어났지만, '시퍼렇게 멍든 네 뒤로' '안개'가 덮친다. 말미에 설의적 표현을 씀으로써 덮치고 드는 안개로부터 '너'를 지켜내리라는 의도를 바탕에 깔고 있긴 하지만, 이 또한 안타깝다. 김정화는 이 시에서 수사적 기법을 운용하여 자기애의 다른 모습을 넌지시 드러내 보여준다.

- 4 -

김정화의 사랑은 그 범주를 넓혀 무정물(無情物)에까지 미치고 있다. 그의 무정물에 대한 애정은 김춘수의 시, 「꽃」의 발상을 빌려 이해하면 될 터이다. 시인이 대상을 사랑의 힘으로 '불러줌'으로써 그것은 의미를 획득한다. 그 '불러줌'은 교감이나 관심 등으로 변용되어 나타난다.

주걱을 휘젓는다.
느리게 아주 느리게
기다림의 앙금
다 풀어내면
잘박하게 졸아들어
뭉근히 달아오르는
일생의 짧은 한 끼

내 언제 저렇듯이
자작자작 잦아들어
누구의 가슴팍에
진득하니 엉긴 채
온전한 하루치
그리움으로 채워갈 수 있을는지.

–「죽」 전문

'잘박하게 졸아' 든 '죽' 으로 '일생의 짧은 한 끼' 를 해결하듯이, '나' 는 '누구의 가슴팍에/ 진득하니 엉' 겨서 '온전한 하루치' 의 그리움으로 채워갈' 것인가를 가늠하고 있다. 자기 성찰의 시이다. '나' 를 성찰로 이끌어 준 것은 '죽' 이다. 시적 화자인 '나' 는 하찮은 '죽' 과 따스하게 교감하고 있다. 교감도 교감이거니와 '죽' 을 바라보면서 자신을 성찰해 내는 일은 오롯한 시인의 감수성이 이루어 낸 성과이다. '죽' 을 '기다림의 앙금'으로 인식한 것 또한 시인의 감수성의 몫이다.

아침은
적막을 깨뜨리고

세상을 새로이 열어젖히는
거룩한 빛의 포효이다
〈중략〉
오늘 아침의 부드럽고 환한
살결을
내 가장 경건한 손으로
맞이하고 싶다.

–「아침」의 일부

달개비는 꽃을 피워내지 못해
애타는 마음 홀로 삭였다
장맛비 잠깐 물러간
새벽녘
코발트 빛 별 둘이
돌담을 넘어와
달개비 꽃을 피워냈다
아침 해가 돋도록
장맛비는 눈이 부셔
그 빈집으로
들어갈 수 없었다.

–「달개비꽃」 일부

눈 오는 날엔 눈물이 난다

초판 인쇄 2012년 5월 1일
초판 발행 2012년 5월 5일

지은이 김정화
펴낸이 임수홍
편집디자인 맹신형
표지디자인 윤영숙
발행처 : 도서출판 국보
주소 : 서울시 강동구 길동 395-3 2층
전화 : (02) 476-2757~8, 7260
FAX : (02) 476-2759
카페 : http://cafe.daum.net/lsh19577
E-mail : kbmh22@hanmail.net

값 9,000원

ISBN 978-89-93533-30-9 03800